DOMMAGES MATÉRIELS

CAUSÉS PAR

L'INVASION

QUESTIONS RELATIVES AU

DÉDOMMAGEMENT OU A L'INDEMNITÉ

A MM. les membres de l'Assemblée nationale.

Ces lettres sur les *dommages matériels* de toute nature causés par l'invasion et sur le *dédommagement* qui doit les réparer, ont été écrites en vue de l'Assemblée nationale, et non dans un but de polémique.

L'auteur a pensé que les préoccupations politiques, si graves qu'elles soient, ne détourneraient pas les représentants du pays d'une œuvre de justice envers leurs concitoyens malheureux; et c'est avec confiance qu'il appelle leur attention sur des questions bien dignes, elles aussi, de la fixer, puisqu'elles intéressent trente-cinq départements, c'est-à-dire près de la moitié de la France.

A. M.

Saint-Cloud, 9 novembre 1872.

Première lettre.

Monsieur le rédacteur,

Dans la dernière réunion de la commission de permanence, à côté des questions irritantes, il s'en est produit une étrangère aux passions politiques, et qui, malgré l'intérêt grave qui s'y rattache, est passée pour ainsi dire inaperçue : je veux parler du *dédommagement* promis à tous ceux qui ont subi, pendant l'invasion, des contributions de guerre, des réquisitions, soit en argent, soit en nature, des amendes et *des dommages matériels*.

« Le Gouvernement s'en préoccupe, a répondu M. le ministre de l'intérieur ; mais il doit, avant tout, assurer la libération du territoire par le payement de l'ennemi. » Et là-dessus, la discussion a été close.

Quoique je sache à merveille ce que signifie, en général, une semblable réponse, peut-être imiterais-je la réponse des honorables députés qui l'ont provoquée et s'en sont montrés satisfaits, si de graves symptômes ne m'autorisaient à y voir un ajournement en quelque sorte indéfini.

La malheureuse ville de Saint-Cloud, dont je veux surtout vous entretenir, correspond fréquemment, à l'occasion de ses désastres, avec le ministère de l'intérieur et la préfecture de Seine-et-Oise ; dans plus d'une lettre s'est révélée clairement cette désolante pensée, qu'au delà des cent millions mis à la disposition des ministres par la loi du 6 septembre 1871, il n'y a rien à espérer. D'un autre côté, si M. le ministre des finances prévoit, de la part des députés appartenant aux départements envahis, un effort pour tirer de la loi toutes les conséquences que, selon eux, elle comporte, il est résolu à défendre, contre toute contribution nouvelle, la caisse du Trésor dont il est le gardien.

Quand on se rappelle les discussions de l'année dernière, et qu'on relit les termes de la loi, on se demande avec stupeur si cela est possible, tant le droit est certain et l'obligation nettement exprimée.

Mais la réflexion tempère cette confiance.

Pourquoi en serait-il des promesses de la loi du 6 septembre 1871 autrement que de celles de Bordeaux ? M. Thiers, qui, au lendemain de la loi Rivet, déclarait encore « que le pays serait appelé à se prononcer entre sa glorieuse tradition monarchique et le torrent qui semble précipiter les nations modernes vers un avenir inconnu, » M. Thiers ne va-t-il pas user des pouvoirs imprudents qu'il a reçus de l'Assemblée pour fonder la République en dehors du pays lui-même ?

Pourquoi ceux qui traitent ainsi les droits de la France seraient-ils plus scrupuleux alors qu'il s'agit des malheureux ruinés par la guerre, dont les maisons incendiées gardent encore, faute de ressources, la trace hideuse des fureurs de l'ennemi ?

M. Thiers a reçu un million cinquante-deux mille francs pour relever son hôtel et sa serre de la place Saint-Georges : qu'importe le reste !

Quand Auguste avait bu, la Pologne était ivre.

Si vous me le permettiez, Monsieur le rédacteur, j'essayerais, dans la mesure de mes forces, d'établir la justice des réclamations de ceux qui, pendant l'invasion, ont subi des *dommages matériels* et la nécessité de ne point ajourner le *dédommagement* auquel ils ont droit, puisqu'une loi le leur a promis.

Entre toutes ces victimes, la ville de Saint-Cloud mérite une place à part.

Le lendemain de la bataille de Buzenval, elle a été, de la part de l'ennemi, l'objet d'un incendie régulier, méthodique, dans lequel le *pétrole,* dans la main de l'Allemagne, préludait à ses exploits sous la Commune.

Vingt-trois maisons seulement ont été épargnées. Le dommage souffert, connu tout entier aujourd'hui, dépasse *seize millions;* et cependant, par un concours fatal de circonstances, la part de Saint-Cloud dans la somme de cent millions, allouée par la loi du 6 septembre 1871, a été basée sur un dommage de dix millions quatre-vingt-huit mille francs seulement.

Frappée plus cruellement, cette ville infortunée a été moins dédommagée que les autres.

La loi (article 5) prescrivant que la distribution eût lieu entre les *plus nécessiteux,* tous ceux, et le nombre en est assez considérable à Saint-Cloud, qui n'appartiennent pas à cette catégorie de victimes, ont été tenus en dehors de la répartition ; malgré ce sacrifice, c'est à peine si les propriétaires d'immeubles ont reçu 30 0/0 des dommages alors constatés.

Ce n'est pas tout.

A la guerre étrangère a succédé l'horrible guerre civile, et le coteau de Montretout a vu s'établir la batterie dirigée contre les fortifications, le Point-du-Jour et Auteuil.

Maisons renversées, récoltes détruites, jardins dévastés, terrains bouleversés, en un mot, un grave préjudice, voilà le résultat pour les propriétaires de Montretout.

Ceux-là, du moins, espéraient la réparation complète du dommage dont ils avaient souffert. M. Thiers l'avait solennellement promis du haut de la tribune, et M. Victor Lefranc, alors ministre du commerce, était venu proposer à l'Assemblée l'acquit partiel de cette dette. « Une somme de six millions, sauf règlement ultérieur, sera répartie, dit la loi, entre ceux qui ont le plus souffert par suite des opérations d'attaque dirigées par l'armée française pour rentrer dans Paris.

Eh bien, Saint-Cloud, malgré de pressantes réclamations, n'a pas reçu une obole de ces six millions (1).

Et comme si cette série d'injustices ne suffisait pas, on refuse toute indemnité, et même tout dédommagement à ceux dont les propriétés ont été prises d'urgence pour établir le fort de Montretout, inachevé, hélas ! parce que, ainsi que l'attestait le général Chabaud-Latour dans le procès Trochu, cent mille ouvriers ont été, pendant huit jours entiers, détournés des travaux de défense, à partir de la criminelle et fatale journée du 4 Septembre.

Telle est sommairement la cause que je voudrais plaider dans les colonnes de votre journal, croyant servir en cela non-seulement les malheureux dont la ruine me navre le cœur, mais le gouvernement lui-même. L'injustice, en effet, ne profite à personne, elle aigrit les esprits, aliène les cœurs et finit par les révolter.

Agréez, etc.

A. MATHIEU,
Ancien député, conseiller municipal de Saint-Cloud.

Deuxième lettre.

Monsieur le rédacteur,

Le meilleur moyen de vous remercier de l'hospitalité que vous voulez bien m'offrir, c'est d'en user, n'est-ce pas? — J'en use donc.

Si je me bornais à vous parler de Saint-Cloud, on m'accuserait de plaider *pro domo*, et ce ne serait pas sans quelque raison, car je suis au nombre des victimes. Je l'ai choisi, parce qu'il offre un échantillon de tous les maux de la guerre; parce que, incendié par les Prussiens, il a souffert gravement et par les travaux de défense antérieurs à l'investissement et par les opérations de l'armée lut-

(1) Depuis que cette lettre est écrite, et grâce à M. Victor Lefranc que nos réclamations ont touché, la commission de répartition des six millions a consenti à examiner les demandes d'indemnité des habitants de Montretout, relatives à l'établissement de la batterie.

tant contre la Commune pour rentrer dans Paris. Plaider la cause de Saint-Cloud, c'est donc fatalement plaider pour tous les départements envahis.

Je voudrais examiner toutes les questions qui touchent à cette cause, si digne de la sympathie de tous, et voici comment elles se peuvent formuler :

1° Est-il possible de limiter le *dédommagement* promis aux 100 millions alloués par la loi du 6 septembre 1871 ?

2° Quelle est la nature du *dédommagement*, et quelle en doit être l'importance ?

3° Les communes de *Seine-et-Oise*, et Montretout en particulier, pouvaient-elles être laissées en dehors de la répartition des 6 millions accordés à titre d'à-compte par la loi à *ceux qui ont souffert par suite des opérations de l'armée pour rentrer dans Paris ?*

4° Ces dommages ne doivent-ils pas être l'objet d'une réparation complète ?

5° Enfin, est-il possible de refuser une *indemnité* à ceux qui, pour l'établissement du fort de Montretout, ou de tout autre ouvrage de défense, ont subi, du mois de juillet au mois de septembre 1870, une véritable expropriation ?

Comment la première de ces questions pourrait-elle être l'objet d'un doute ?

Que dit la loi (article 3) ?

« Une somme de cent millions sera mise immédiatement à la disposition du ministre de l'intérieur et du ministre des finances. *Cette première allocation fera partie de la somme totale allouée à chaque département pour être répartie entre tous les ayants droit.* »

Puisque les cent millions constituent une *première allocation*, la loi ne peut s'arrêter là. A une *première* allocation doit nécessairement succéder une *seconde*. Cela est d'autant plus certain, qu'il doit y avoir une *somme totale;* or, un *total* ne peut résulter que de l'addition de plusieurs fractions. Les cent millions, dit la loi, font partie de la somme totale destinée à être répartie entre tous les ayants droit.

Quoi de plus clair?

S'il en était autrement, si une allocation nouvelle, égale au moins, sinon supérieure à la première, ne suivait pas celle-ci, la loi aurait tendu à toute une catégorie d'intéressés un piége indigne d'elle.

En effet, la loi (article 3) ordonne que les cent millions *seront répartis entre les départements* au prorata des pertes qu'ils auront éprouvées, *pour être distribués..., entre les victimes les plus nécessiteuses de la guerre et les communes les plus obérées.*

J'ignore comment les choses se sont passées ailleurs; mais à Saint-Cloud, par respect pour le texte et l'esprit de la loi, ceux, et le nombre en est grand, qui notoirement n'appartenaient pas à la catégorie des plus nécessiteux, ont été mis en dehors de cette première répartition. Je n'entends pas leur faire de cela un mérite : c'était la loi, et ils lui ont simplement obéi.

Mais qu'arriverait-il si une nouvelle allocation de cent millions au moins ne suivait pas la première? Ils ne recevraient pas une obole, quand la loi (article 1er) assure « un dédommagement *à tous ceux qui ont subi, pendant l'invasion, des contributions de guerre... et des dommages matériels.* »

La loi a voulu une seule chose, parfaitement équitable, c'est que le *dédommagement,* pour parler comme elle, vînt trouver les premiers ceux qui, sans avoir plus de droits, avaient des besoins plus urgents, « les victimes les plus nécessiteuses. » Elle a créé des rangs dans la répartition du dédommagement, mais elle n'a pu vouloir en exclure personne. Ceux qui n'ont rien reçu lors de la première répartition, parce qu'ils n'étaient pas au nombre des plus nécessiteux, attendront une allocation nouvelle du budget; ils subiront, par le fait seul de ce retard, un préjudice et une inégalité; mais c'est tout.

Donc, une nouvelle allocation est nécessaire, inévitable, et la justice serait violée, la loi méconnue, si cette allocation nouvelle n'était pas suffisante pour donner à ceux qui ont été exclus de la première, au moins l'équivalent de ce qu'ont reçu les victimes les plus nécessiteuses.

Mais quelle doit être cette allocation nouvelle; en d'autres termes, quel doit être le dédommagement? C'est la question capitale que j'examinerai dans une autre lettre;

A. MATHIEU,
Ancien député, conseiller municipal de Saint-Cloud.

Troisième lettre.

Monsieur le rédacteur,

Quelle est la nature du *dédommagement* dû aux victimes de l'invasion, et quelle en doit être l'importance?

C'est à peine si j'ose aborder l'examen de cette question, résolue par la loi du 6 septembre 1871. Mais comme, dans son article 1er, elle promet aux victimes un *dédommagement*, sans dire lequel, il ne saurait être inutile d'examiner de nouveau la nature du droit. L'importance de la réparation, en effet, dépend logiquement de là.

Pour fixer la nature du droit, il suffit de se reporter à la discussion de l'Assemblée elle-même, et notamment à l'énergique et solide argumentation de M. Buffet.

On se rappelle les termes du débat; la commission de l'Assemblée proposait sous le titre *d'indemnité* une *réparation complète*, sous la seule réserve des possibilités du Trésor public. M. Thiers soutenait que l'État ne devait rien, car nul principe d'obligation n'existait contre lui.

A ceux qui invoquaient *la solidarité* entre les diverses parties du

territoire, il demandait dédaigneusement où ils avaient rencontré
ce principe; et il les conjurait de ne pas le contraindre à le discuter,
« car le droit public, tel qu'il est partout admis, les condamnerait. »
Mais il y a une chose, disait-il, qui « aux yeux des honnêtes gens
ne fait pas de doute non plus; l'État doit être un honnête homme,
et un honnête homme ne peut pas assister à de grandes souffrances sans éprouver le besoin de les soulager. Mais cet honnête
homme est un père de famille; quelque bienfaisant qu'il soit, il
trouve une limite dans son devoir même. Il sait ce qu'il se doit,
ce qu'il doit à sa famille, ce qu'il doit à ses enfants; s'il doit être
bienfaisant, il doit l'être beaucoup, mais dans la limite de ses devoirs envers sa famille. L'État a une famille, c'est la France. »

Ainsi, dans la pensée de M. Thiers, il s'agit de *bienfaisance* et de
bienfait. Et le mot *dédommagement* inscrit dans la loi par transac-
tion, ne signifie pas autre chose, dans sa pensée, que le mot *secours*, repoussé d'abord par les susceptibilités de l'Assemblée. Comment en douter, quand on lit ces lignes, empruntées au même
discours : « Au nom de la fraternité, puisque vous invoquez ce
mot, n'ayez pas l'orgueil mal entendu de repousser l'État qui, en
frère, vous dit : Mon frère, je viens vous secourir... Mon frère,
nous venons vous soulager. »

C'est-à-dire qu'à l'égard des victimes de la guerre, l'État ne serait autre chose qu'un honnête homme, tout au plus un frère qui,
témoin de souffrances poignantes, doit obéir à l'humanité, faire
la charité, mais sans oublier qu'il a *des devoirs* à remplir envers
lui-même et envers sa famille.

On croit rêver en lisant cela.

Que Louis XIV tînt ce langage, à la bonne heure : « L'État,
c'est moi », disait-il, parlant, en cela, comme son temps. La *souveraineté* s'incarnait alors tout entière dans celui qu'on appelait le
souverain. Celui-ci semblait constituer un être à part de la nation

3

elle-même. Partant de ces idées, on comprend à la rigueur que le *roi* ne se crût lié envers *ses sujets* par aucun devoir positif, et tenu uniquement de ce que sa charité lui aurait conseillé.

Mais la notion de l'*État*, du *souverain* est tout autre au XIXe siècle.

L'*État*, c'est l'ensemble des citoyens d'un pays; c'est vous, c'est moi, c'est nous tous, unis par un pacte, et constituant la nation. Le souverain, pour reprendre la parole de M. Thiers, n'est ni un étranger honnête homme et accessible à la pitié, ni même un frère. Il est le représentant de tous et de chacun, et sa famille, comme le disait justement M. Buffet à M. Thiers, c'est *toute la France*.

Si donc on peut le comparer à un père de famille, c'est à la condition qu'il en acceptera tous les devoirs.

Or, comprendrait-on un père, quand une résolution par lui prise dans l'intérêt collectif de sa famille, a blessé quelques-uns de ses enfants, qui dirait aux victimes: « Je ne suis pas tenu de réparer vos pertes, parce que j'ai d'autres enfants et des devoirs à remplir envers eux et envers moi-même? »

En cas de *succès*, qui en aurait profité? *Tous*. Donc *tous* doivent souffrir de l'*échec*, c'est-à-dire le réparer tout entier par une contribution entre tous, y compris bien entendu les victimes.

Si celles-ci prétendaient faire payer *exclusivement* la réparation par ceux de leurs concitoyens auxquels la guerre a épargné ses dévastations et ses ruines, s'ils refusaient d'y concourir eux-mêmes, ils violeraient le principe qu'ils invoquent, la *solidarité*.

Mais les malheureux ne proposent rien de tel.

Que demandent-ils? l'indemnité de leurs pertes.

Qui la payera? le Trésor, à l'aide de l'impôt payé par tous.

De telle sorte que si trente-cinq départements ont subi les pertes matérielles dont nous nous occupons, les victimes elles-mêmes payeront 35, 806ᵐˢ de l'indemnité qu'elles recevront.

Si la théorie contraire blesse la justice et l'équité, elle n'est pas en moindre désaccord avec l'intérêt politique, au nom duquel, parfois, tant de principes fléchissent.

Songe-t-on à la somme et à la durée des ressentiments légitimes que laisserait dans les cœurs cette résistance, au nom d'un prétendu droit, à une solution jugée par tous humaine et équitable?

Les victimes sont répandues sur près de la moitié du territoire de la France; leur malheur s'étend, au moins par la sympathie, à leurs proches et à leurs amis; les générations en conserveront le souvenir, car elles en subiront l'influence. Elles se demanderont comment ce principe d'une indemnité complète, si justement consacré au profit de M. Thiers, on a pu le méconnaître alors qu'il s'agissait d'une foule de malheureux que la guerre a laissés sans asile et sans pain. Je le demande, est-ce là ce que commande l'intérêt politique?

La doctrine de M. Thiers est plus vieille que lui, je ne l'ignore pas, et vous vous en doutez; c'est la doctrine des publicistes pour lesquels l'idée de la souveraineté était celle de Louis XIV lui-même.

On lit, en effet, dans Wattel : « Le souverain doit *équitablement* « avoir égard au malheur des victimes de la guerre, *si l'état de ses* « *affaires le lui permet.* Mais on n'a *pas d'action* pour des malheurs « de cette nature, *pour des pertes qu'il n'a point causées librement,* « *mais par accident, en usant de ses droits.* (Wattel, livre III, cha- « pitre 15.) »

Que Wattel écrivit cela sous l'empire de la notion qu'on se faisait alors de l'État, on le comprend. Le *Roi*, le souverain, avait *un droit,* en dehors de ses sujets : le droit de paix et de guerre. L'usage de ce droit n'entraînait aucune responsabilité, car il pouvait dire avec la loi romaine : *Feci, sed jure feci.*

Mais qu'au xixe siècle, en pays constitutionnel, cette théorie soit soutenue et appliquée, c'est impossible !

C'est le pays tout entier qui déclare la guerre ou s'y associe. Le vote de ses mandataires la précède, éclairé ou égaré par des ministres responsables.

Qui pourrait soutenir, en thèse, que la France entière, en 1870, n'a pas été engagée par cet acte redoutable et fatal?

Si la France est liée, comment une seule partie de son territoire, un seul de ses citoyens pourraient-ils se soustraire aux conséquences de l'engagement?

Heureuse, la guerre eût profité à tous.

Malheureuse, tous en doivent supporter le poids, proportionnellement à leurs forces contributoires; car si elle a été une faute, elle a été la faute de tous.

Cela est vrai des milliards payés à l'ennemi; nous les payerons tous.

Cela ne peut être moins vrai de la réparation des dégâts matériels dont elle a été la cause.

La *solidarité* de tous les citoyens d'un même État, dans la bonne comme dans la mauvaise fortune, telle est la conséquence nécessaire de la *souveraineté* selon les idées modernes, et de la notion même de la *patrie*.

La *patrie*, c'est l'*unité*, et l'unité c'est la solidarité même. Chaque État constitue, au point de vue de la guerre, une grande société d'assurances mutuelles, où chacun paye sa prime, même l'incendié, afin d'indemniser ceux qu'a atteints le sinistre.

La doctrine contraire fait du mot « patrie » un mensonge, car à l'idée de communauté qu'il exprime, il substitue la division et le fractionnement; et ceux qui la défendent se font, qu'ils le sachent ou non, les ennemis de l'unité nationale; car ils tendent à créer deux France, l'une foulée par le pied de l'ennemi, ravagée, détruite, ruinée par la guerre et demandant la réparation de ses désastres; l'autre disant : « C'est un malheur qui ne me regarde pas. Je puis vous tendre la main, vous donner une obole, comme un homme honnête et bienfaisant; mais je n'ai pas le devoir de vous indemniser. »

Je suis loin d'avoir épuisé la question; mais cette lettre est bien longue déjà. Permettez-moi d'ajourner la suite de la discussion.

Agréez, etc.

A. MATHIEU.

Ancien député, conseiller municipal de Saint-Cloud.

Quatrième lettre.

Monsieur le rédacteur,

Je crois avoir démontré dans ma précédente lettre que l'État était tenu, en vertu d'un *devoir strict*, de réparer les pertes matérielles que la guerre a causées.

Mais des objections se sont produites dans la discussion de la loi de 1871, qui reviendront inévitablement si le débat s'engage de nouveau; à ces objections il faut répondre.

Il en est une surtout sur laquelle M. Thiers a insisté, dans sa réponse à M. Buffet, avec une vivacité extrême.

Comment! disait-il, l'État vient de subir les charges effroyables d'une guerre désastreuse... Il est obligé d'ajouter à ses impôts un surcroît dont vous connaissez le poids, et vous ne permettrez pas de dire que l'État, lui aussi, est malheureux! « Vous dites que nous n'agissons pas en frères! Je vous répondrai que vous n'agissez ni en frères ni en citoyens quand vous contestez les malheurs et les calamités de l'État. »

Ces paroles, à côté de la fausse notion de l'État, sur laquelle je ne veux plus revenir, renferment, j'hésite à le dire, mais telle est la vérité, pour ainsi dire autant d'erreurs que de mots.

Qui donc niait alors et qui conteste aujourd'hui les malheurs et les calamités de l'État ? Qui donc s'est refusé aux sacrifices nécessaires pour y faire face ?

Est-ce que les trente-cinq départements envahis ne font point partie de l'État ? Est-ce que les sacrifices nécessaires, ils ne les supportent pas comme les autres ? Est-ce que l'impôt est moins lourd pour eux ? Parmi leurs habitants, il en est dont on a exigé l'impôt, avec menace de poursuites, pour des immeubles que l'incendie a dévorés.

Mais aux charges générales, au surcroît d'impôts qui pèsent sur eux, s'ajoutent les ruines qu'a faites la guerre. Voilà l'énorme différence entre eux et les départements non envahis ! Est-ce ainsi, par hasard, que peut être comprise l'égalité entre citoyens d'une même patrie ? Quoi ! parce que les uns sont sur le chemin de l'invasion, parce que les hasards de la lutte ont porté l'ennemi sur la portion du territoire qu'ils occupent, ils seront condamnés à une misère irréparable ; tandis que leurs voisins, après avoir eu le bonheur de ne pas subir la présence de l'ennemi, enrichis peut-être par la guerre, ne contribueront en rien, si ce n'est par leur quote-part dans une aumône, à réparer cette partie des malheurs que la guerre a entraînés ! Est-ce de la justice ?

Si l'on se bornait à dire : « La France doit d'abord acquitter sa dette envers ses implacables ennemis. Si ses citoyens nécessiteux doivent recevoir immédiatement une partie de la réparation qui leur est due, tous doivent, par patriotisme, consentir à l'ajournement de leur indemnité ; » je comprendrais ce langage et m'y associerais. Il concilierait le principe, en le proclamant, avec les nécessités du Trésor, c'est-à-dire de l'État. Dans ces conditions, le chiffre des pertes étant désormais fixé, et avec lui le chiffre des réparations, les victimes de la guerre auraient une véritable créance à terme, c'est-à-dire une ressource pour relever leurs maisons en ruine.

Et qu'on ne s'y trompe pas : ceux qui réclament, ce n'est pas seulement, comme le disait M. Thiers, le pauvre fermier et le pauvre agriculteur ruinés : c'est encore le propriétaire du château ou de la maison de campagne. Il est vrai qu'aux yeux de M. Thiers, ce propriétaire n'a pas besoin d'indemnité. Est-ce bien sûr? Parmi ceux qu'on appelle les riches, combien en est-il dont le luxe cache mal l'indigence ! Si M. le président de la République veut leur imposer l'abnégation et le sacrifice, que ne prêche-t-il d'exemple?

Si du moins l'Assemblée, dans les différentes lois qu'elle a votées sur cette matière, s'était montrée logique et inflexible dans ses principes, peut-être pourrait-on imposer silence à nos plaintes.

Mais qu'a-t-elle fait?

1° La loi du 6 septembre 1871 elle-même a prescrit (art. 5) le remboursement aux communes et aux particuliers des contributions en argent, perçues à titre d'impôt par les autorités allemandes.

Sans doute, c'est en vertu du droit de la guerre que l'ennemi avait perçu ces impôts dans les territoires occupés par lui, et où il s'était comme substitué, pendant l'occupation, à notre propre souveraineté. Mais il n'y a pas moins là une conséquence de la guerre, comme les dommages matériels dont on nous refuse la complète réparation.

2° Les départements non envahis ont obtenu le remboursement des dépenses par eux faites pour les mobilisés, 145 millions, si je ne me trompe.

Pourquoi n'avoir pas considéré cette dépense comme leur part, en dehors des charges générales, dans les maux de la guerre, et attribué ces 145 millions aux victimes de dommages matériels, si on persistait à nier l'obligation de les indemniser intégralement?

3° Enfin le gouvernement va, dit-on, proposer à l'Assemblée

d'accorder à la ville de Paris 172 millions qui, en partie au moins, doivent réparer les ruines des deux siéges.

Je n'y contredis point..., mais à une condition, c'est qu'on ne déniera plus aux départements ce qu'on accorde à la capitale. L'égalité l'exige au même titre que la justice. Je ne parle plus de l'humanité.

En somme, ce que je demande, c'est que l'Assemblée soit fidèle aux principes qu'elle a posés elle-même dans le préambule de la loi du 6 septembre 1871 : « Considérant, dit-elle, que dans la dernière guerre, la partie du territoire envahie par l'ennemi a supporté des charges et subi des dévastations sans nombre ; que les sentiments de nationalité qui sont dans le cœur de tous les Français imposent à l'État l'obligation de *dédommager* ceux qu'ont frappés dans la lutte commune ces pertes exceptionnelles. »

Ainsi l'État doit *dédommager*. Je sais bien que ce mot, substitué transactionnellement au mot *indemnité*, ne veut pas dire, dans la pensée de M. Thiers, réparation complète ; mais, après en avoir appelé aux principes du droit politique, j'en appellerai, qu'il me le pardonne, aux règles de la langue, et s'il le veut, à ses confrères de l'Académie française. Que veut dire *dédommager*, sinon *faire cesser le dommage* ? et comment le faire cesser, si ce n'est en le réparant ?

Agréez, etc.

A. MATHIEU,
Ancien député, conseiller municipal de Saint-Cloud.

Cinquième lettre.

Monsieur le rédacteur,

Continuant mon œuvre, je dois rechercher si les communes de Seine-et-Oise, et Montretout en particulier, au lieu d'être laissées en dehors de la répartition des 6 millions, accordés à ceux qui ont souffert par suite des opérations de l'armée pour rentrer dans Paris, ne doivent pas être *complétement* indemnisées du préjudice que leur a causé l'établissement de la batterie de Montretont.

Ici la loi semble ne présenter aucun doute, et si le texte était obscur, la discussion l'a éclairé d'une telle lumière, qu'il n'y a place pour aucune équivoque.

L'article 4 porte : « *Une somme de six* millions est également mise à la disposition, pour être, *sauf règlement ultérieur*, répartie entre ceux qui ont le plus souffert par suite des opérations d'attaque dirigées par l'armée française pour rentrer dans Paris.

Sauf règlement ultérieur signifiait, on le verra, que les 6 millions étaient un *à-compte*. Mais *tous ceux* qui avaient le plus souffert, qu'ils fussent de Seine ou de Seine-et-Oise, d'Auteuil ou de Montretout, avaient droit aux 6 millions; cela ne peut être douteux, puisque la loi n'excepte personne.

La raison parle comme la loi : en effet, ceux dans le champ, le jardin ou la maison desquels a été établie la batterie de Montretout, ont souffert évidemment par suite des opérations de l'armée pour rentrer dans Paris, aussi bien qu'Auteuil et le Point-du-Jour écrasés par la batterie.

Qu'est-il arrivé cependant?

Un avis, inséré dans les journaux, a appris que les 6 millions

allaient être répartis *exclusivement* entre les habitants d'Auteuil et du Point-du-Jour.

Une des victimes de Montretout, M. Obin, l'artiste éminent, professeur au Conservatoire, s'adressa respectueusement à M. Casimir Périer, alors ministre de l'intérieur, pour l'avertir de cette violation de la loi, à laquelle il se refusait de croire. Le ministre ne lui fit pas même l'honneur d'une réponse.

M. Obin, en l'absence d'un pouvoir politique chargé d'appliquer le principe de la responsabilité ministérielle, a assigné le ministre de l'intérieur devant le tribunal civil, dans l'espoir qu'ainsi mis en demeure, le ministre ne consommerait pas l'injustice.

Même silence.

Le tribunal a considéré qu'il y avait là, non une faute commise, mais un acte administratif qui ne relevait pas de la juridiction civile, et s'est déclaré incompétent.

Pendant ce temps-là, les 6 millions ont été répartis jusqu'à la dernière obole entre les habitants d'Auteuil et du Point-du-Jour.

Avant d'en appeler de cette décision, M. Obin, par un sentiment de convenance, s'est adressé au nouveau ministre de l'intérieur. Cette fois, du moins, il a obtenu une réponse courtoise..., de bonnes paroles dans lesquelles il n'ose se confier; mais quant au passé, quant à son droit méconnu..., rien!

Et pourtant, c'est sur la proposition de M. Victor Lefranc, alors ministre du commerce, que les 6 millions ont été accordés par l'Assemblée.

Comment s'expliquer alors l'étrange déni de justice dont Montretout est la victime?

Le texte, on l'a vu, n'excepte personne, et la raison veut que personne ne soit excepté. On a parlé surtout, il est vrai, dans la discussion, du Point-du-Jour et d'Auteuil, mais uniquement parce que leurs ruines encore fumantes, leur dommage plus considérable parlaient plus à l'esprit et au cœur. Il n'y avait là ni pensée d'exclusion, ni pensée de préférence.

C'est à l'Assemblée que nous en appelons pour réparer l'injustice et aussi pour achever le dédommagement; car non-seulement Montretout n'a rien reçu, mais les pertes d'Auteuil et du Point-du-Jour dépassent de beaucoup 6 millions.

Dira-t-on, là aussi, que l'État doit seulement un secours et que son devoir de père de famille limite sa bienfaisance?

Ici, c'est à M. Thiers lui-même que j'en appelle pour soutenir le droit des victimes, de toutes les victimes à une réparation complète.

M. Buffet avait rappelé une déclaration faite à la tribune par le chef du pouvoir exécutif pendant la lutte contre la Commune, déclaration qui contenait l'engagement positif de réparer les ruines que cette lutte allait entraîner de la part de notre armée.

Loin de méconnaître l'engagement, M. Thiers l'a solennellement renouvelé.

« Et savez-vous, a-t-il dit (séance du 5 août 1871), quel est le principe qui, en ceci, a fondé le droit? C'est que, lorsque le gouvernement fait intentionnellement un acte avec une volonté arrêtée, non pas au hasard, mais avec réflexion, *il doit l'indemnité tout entière, conséquence du dégât qu'il a causé.* »

Que peut-on ajouter à cela, et comment, après de telles paroles, contester notre droit?

Si le gouvernement a *intentionnellement* écrasé les maisons d'Auteuil et du Point-du-Jour, est-ce qu'il a agi autrement lorsqu'il a établi sur nos propriétés dévastées, à l'aide de nos arbres coupés, de nos jardins détruits, la batterie célèbre sans laquelle cet écrasement était impossible? Ici, la cause et l'effet se confondent, et l'on ne saurait indemniser entièrement l'un sans l'autre.

Il est vrai que M. Thiers parlait surtout de la demeure du pauvre, comme si le Point-du-Jour et Auteuil n'avaient compté parmi leurs victimes que des masures. Il est facile de se convaincre du contraire; et il était si peu dans l'esprit de la loi de séparer le riche du pauvre que tous, inégalement peut-être et avec raison, ont reçu une part des 6 millions. Croit-on, d'ailleurs, qu'il n'y ait que des millionnaires parmi ceux qui ont souffert à Montretout?

Agréez, etc.

A. MATHIEU,

Ancien député, conseiller municipal de Saint-Cloud.

Sixième lettre.

Monsieur le rédacteur,

Pour atteindre complétement le but que je m'étais proposé, je devrais examiner les questions qui se rattachent à l'établissement du fort de Montretout; mais ici j'entrerais sur le terrain de la discussion purement juridique, et je m'abstiens pour ne pas abuser de l'hospitalité généreuse que vous m'avez offerte.

Je n'en dirai qu'un mot propre à faire ressortir le malheur inouï, l'espèce de fatalité qui s'attache, depuis juillet 1870, à cette infortunée ville de Saint-Cloud.

La guerre déclarée, l'on songe à compléter les fortifications de Paris; et la construction du fort de Montretout, arrêtée dès 1840 sur les plans du génie, est décidée.

Hasard ou calcul, c'est le lendemain du décret qui met le département de Seine-et-Oise en état de siége, que le génie militaire s'empare des maisons et des terrains nécessaires à l'établissement du fort, les abat ou les brûle, commence son œuvre et la superpose aux édifices disparus, aux vignes, aux cultures, aux jardins.

Aujourd'hui le génie soutient, en vertu d'un article mal interprêté, à mon sens, d'un décret de 1853, qu'il ne doit aucune indemnité.

Il y a là des familles qui, en possession avant la guerre d'une modeste aisance, sont aujourd'hui sans asile, sans ressources.

Vous savez où en sont les victimes de la batterie de Montretout.

Quant à ceux dont les maisons ont été pillées et incendiées pendant la négociation de l'armistice, leur sort, s'il est un peu moins misérable, n'en est pas moins digne de pitié ; qu'on en juge !

Au moment où j'écris, les pertes de Saint-Cloud, estimées sans exagération, atteignent le chiffre de 16 millions 500 mille francs.

Et cependant la part à lui accordée dans les cent millions a été basée sur une perte de dix millions quatre-vingt-huit mille francs seulement.

Ce chiffre était celui d'un premier état de pertes dressé par la commission locale, le seul dont la commission départementale ait tenu compte, quoiqu'il eût été suivi d'un autre s'élevant à 1 million 500,000 francs, en nombres ronds, et que l'un et l'autre eussent été rectifiés par un travail soumis par le maire à M. Cochin, préfet de Seine-et-Oise, et acceptés par ce dernier.

Il serait long et fastidieux d'exposer les causes probables de ce cruel mécompte ; ce qui est certain, c'est que Saint-Cloud a obtenu dans les cent millions une part inférieure de plus d'un tiers à celle qui lui revenait légitimement.

Ainsi, à chaque pas et sur tous les points où elle a été frappée, cette ville malheureuse a rencontré la négation ou l'amoindrissement de son droit, là où la loi semblait lui assurer un sort meilleur ; car elle prescrivait la répartition entre « les victimes les plus nécessiteuses et *les communes les plus obérées.* »

J'ai tenté auprès des plénipotentiaires, à Bruxelles, où ils étaient réunis, l'œuvre de réparation que je poursuis. Je l'ai fait sans espoir, car il fallait, après avoir convaincu la Prusse que l'incendie avait été allumé par ses soldats, en violation de toutes les règles du droit des gens, lui faire accepter l'obligation d'indemniser elle-même les victimes de cette barbarie ; aussi ai-je échoué.

Les motifs donnés par la diplomatie allemande sont assez curieux pour que cette digression me soit pardonnée.

Non-seulement ils niaient *le fait*, mais voici ce qu'ils répondaient à cette réclamation et à beaucoup d'autres : « Vous devez vous estimer heureux que nous ne vous demandions pas une indemnité supplémentaire, car nous serions fondés à l'obtenir. Quand l'armistice a été négocié, M. de Bismark, prévoyant l'insurrection inévitable de la Commune, a insisté auprès de M. Jules Favre pour que la garde nationale fût désarmée. Votre ministre a résisté et nous avons cédé. L'insurrection a éclaté, et nous avons dû rester en armes sur votre territoire plus de deux mois au delà du terme prévu. Ce n'est pas sans un grand dommage pour un pays qu'on arrache à l'industrie, au commerce, à l'agriculture, à tous ses intérêts, un aussi grand nombre de citoyens. Ce dommage, qui a pour principe votre faute, nous devrions vous en demander la réparation. Nous vous en faisons grâce ; et il y a là plus que la compensation des indemnités que vous nous réclamez. »

Ainsi parla la Prusse ; et si je n'avais pas prévu cette fin de non-recevoir, il n'en était pas de même de l'échec en lui-même, je le répète.

Mais je n'imaginais pas que le gouvernement de mon pays se montrât aussi peu accessible à la pitié et à la justice.

Ah ! s'il s'agissait de ces dommages de peu de gravité que l'on répare avec quelques privations et quelques sacrifices, je comprendrais, en face d'une dette énorme, qu'on fermât l'oreille à nos plaintes.

Mais combien faudra-t-il répéter, pour qu'on l'entende, *que Saint-Cloud a été incendié tout entier*, moins 23 maisons?

Si, depuis bientôt deux ans, un grand nombre des immeubles détruits attendent encore qu'on les relève, la cause n'en est-elle pas manifestement à l'absence de crédit et de ressources chez leurs propriétaires? Qui donc, le pouvant, laisserait sa maison en ruines?

Oublie-t-on, d'ailleurs, que c'est au lendemain de la funeste et inutile journée de Buzenval, pendant la négociation de l'armistice et même après sa conclusion qu'a été allumé cet immense incendie? et n'y a-t-il pas, dans ce fait seul, quelque chose qui plaide éloquemment en faveur de Saint-Cloud?

Par son étendue, par les circonstances qui s'y rattachent, *son malheur a été exceptionnel*; n'a-t-il pas droit, alors même qu'on ne l'accorderait pas aux autres, à une *réparation exceptionnelle?*

Je pourrais insister, faire écho aux mille bruits accrédités auprès des victimes sur les causes de leurs désastres; à quoi bon? Ce qui précède ne suffit-il pas pour intéresser à la cause de Saint-Cloud tous ceux dont le cœur est accessible à la pitié comme à la justice? aussi je la livre avec confiance à l'Assemblée nationale.

A. MATHIEU,

Ancien député, conseiller municipal de Saint-Cloud.

Paris. — Imprimerie Pillet fils aîné, rue des Grands-Augustins, 5.

IMPRIMERIE
Dubuisson et C
RUE
Coq-Héron, 5